U0553782

一个人，
无论看上去多么孤立，
绝不是无缘无故来到这个世界上。

家永远是我们无法回避的话题。
触摸原生家庭的痛，
唤醒内心的温柔与力量。

学业压力
贫穷　校园霸凌　离婚　焦虑
丧偶式育儿　自杀　抑郁　死亡　啃老
低欲望　暴力　　　　　　　　　养老　冷漠
抛弃　　　　　　　　　　　　　　　　少年犯

一个家庭的故事，包括一个人生活的一切。

接纳　家庭动力　搅动　平衡　生态系统　觉察
触动　家庭重塑　模式　介入　自立
同样爱子女的父亲　尊重意愿　循环　渴望　相信
守望　信任　尊重　贫穷
成长　呵护

丛书主编
吉沅洪

团士郎的
家庭治疗漫画
丛书

相互牵引的
家庭关系

亲子间的羁绊

[日] 团士郎 ◎ 著
陈婷婷　刘　强 ◎ 编译

华东师范大学出版社
·上海·

第一章

该如何养育子女

没有人知道如何养育子女是正确的。

"望子成龙,望女成凤"是很多父母的愿望,他们希望自己的孩子不仅学习成绩好,还要掌握很多特长技能。假设你的孩子高考在即,却想请假去看偶像的比赛,这时你会让孩子去看比赛,还是让孩子在学校学习呢?比起培养孩子德智体美劳全面发展,以下几点也尤为重要:对事物保有好奇心和热情,有自己喜欢的事物;遇到挫折时能够坚持不懈;了解就算没有得到满足也是对自己的锻炼;掌握自我保护的能力,遇到危险时知道撤退也是一种保护;知道外面的世界很大,眼前所见并不是全部;长大后能够独立勇敢地选择自己想过的生活,追求自己的梦想。

因为终有一天,孩子会离开父母,独自去面对这个世界,无法自立的孩子往往有放不开手的父母。

01 优秀的陷阱

没有人知道如何养育子女是正确的,但仅以损益为评判标准来育儿的话就有些危险了。

让孩子背英语、背汉字、跑马拉松、用干布摩擦*，等等。

注重孩子技能的育儿方式并不是不好。

---

* 译者注：用干布或干毛巾等直接擦拭皮肤的一种养生方法。这里表示家长让孩子学习一些莫名其妙但被很多人认为有用的技能。

要培养的才艺有很多。

但是如果不能事先明白"不会（这些技能）"也依然可以"创造价值"，那么会和不会就容易变成评定优劣的标准了。

02 背叛

什么时候意识到"要摆脱被他人安排而背负的期待",什么时候这个课题才算开始。

现在不努力，什么时候努力？

你应该能做到。

有很多人批评不了解、不关心孩子的父亲。

我无法轻易批评那些激烈地鼓励孩子的人,因为他们在努力了解、关心孩子。

确实就算苦一点,趁年轻也要多努力吧!

可是呀……

这与不想辜负父母的期待而努力是不一样的吧!

到底有多少人真正了解孩子的想法呢?十五六岁想要做的事,他在后来的人生里有认真去做吗?

嗯,事实确实如此。

但是偏有家长认定强迫孩子努力是身为父母该做的事，这样的想法还真让人无话可说。

孩子经常活在别人的期待里。

这个情况不仅是孩子，还存在于很多成年人的生活中。

有人因拼命想要满足职场中领导和同事的期待，最终导致过劳死。

孩子觉得活着是为了让父母高兴，而父母认为一切是为了孩子好，事实果真如此吗？

有人因不堪背负家人的期待而自杀。

孩子若失败，就会认为无法满足父母期待是自己不行，觉得自己不值得被爱。

父亲因为在公司绩效考核不好，就认为自己无法满足家人的期待，从而降低了对自我的评价。

他是真的认为妻子和孩子只期待那些东西吗？

他小声嘀咕："就算活着也没有办法……""自杀的话，家里还能拿到保险赔偿金吗？"

有的孩子，因为不想让人知道自己成绩下降，他可能选择自杀，或引发其他社会事件。

他们的行为让人困惑,他们误解了来自他人的期待。

恐怕这是经常背负着不合理期待的孩子的不幸吧!

长大了的话……

总有一天会懂的……

真的是那样的吗?

而且也是那些抱有错误期待的父母的不幸吧!

为了找回自我，就要舍弃那个想要满足他人期待的自己吧！

不为别人的期待而活，走自己的路，这并不是件简单的事。

真难呀……

哪怕被认为"从没想过你是这样的孩子"，也会满不在乎，放弃回应他人的期待。

你只有意识到"要为自己活"的时候,你才会真正懂得如何面对期待。

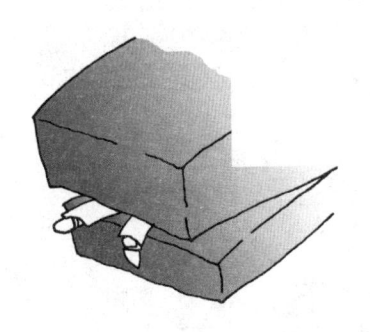

不明白这个道理的人,会被他人的期待压扁。

03 选项

高考在即,孩子的学习和去见偶像哪个更重要呢?

我的小女儿在公立高中的一个小社团跳艺术体操。

虽然跳得都不怎么样,但是大家咯咯地大声笑着,充满了快乐。

她给我看了她们社团训练的视频。

想到女儿的青春期是和这样的朋友一起度过的,我就开心得不得了。

我在网上找出地图，然后写下了乘地铁去的路线。

高三那年的初夏，大阪要举办艺术体操世锦赛。

知道这个消息后，女儿就说要和朋友们一起去看，还问我去会场的路线。

可是到了比赛前一天，吃晚饭时，女儿对我说："明天只有两个人去了。"

不行不行!

问了原因,原来很多父母反对孩子去看比赛。

我常年做咨询工作,见过很多好几年都不去学校的孩子,其中也有高中生。

因为比赛那天是工作日,也是学校上课的日子。

可是另一方面,明明可以让孩子亲眼看到自己的偶像——世界一流选手的表演,父母却偏偏因为要向学校请假这样的理由让孩子放弃。

不,不仅是父母,不允许发生这种事的还有学校老师。

女儿并没有"如果大家都不去的话,那我也不去"的想法,她和朋友两个人出门了。

看完艺术体操世锦赛后她非常激动。

电影评论家淀川长治曾经写道:"年轻的时候,要亲眼看看真人、真事、真东西,因为那会成为自己的财富,不要吝啬钱财,要亲眼去看看实物!"

对于在训练视频中登场的每一个高中生而言,我并不认为"艺术体操"有着那么大的意义让她们坚持下去。

可是能够亲眼看见那些站在世界顶端的人,这带来的影响却不小。

太厉害了!   一定要成为……

丰富人生可能性的源动力是想象力。

目睹运动员为追逐梦想而努力并最终站上领奖台的这一刻,并亲身感受到他们为实现梦想所付出的努力,这样的心理体验是任何东西都无法替代的。我满心着急:为什么有些父母就是不明白这个道理呢?

人各有不同吧……

在高三的女孩身边,一直在发生类似的事情。

在高中最后一次公演前,有个同学退出了从小学以来就一直坚持的芭蕾课。这对她来说生活就像雪崩一样塌掉。

这不是浅尝辄止的孩子,而是努力了十多年的孩子。

听说她最后去学了药学。

退出的理由是高考。因为父母说要从事女生也能拿到就业资格的职业,所以他们要求她只走考试这一条路。

只有爸爸才会说这种话。

那就成为会跳舞的药剂师就好了呀!

我把我的想法告诉女儿,她反驳了我。

女儿有点懵懂，但并没有真正明白，她只大概意识到"我的父母有些与众不同吧……"

那个地方，稍等一下！

大多数场合，我都是一笑了之。可是在孩子教育的问题上，我愿意跟误解我的人多说几句。

困老师呢？

有时，我的确被人认为"有些与众不同"。

怎么样？

如果各自对养育方式有不同判断的话，我也建议按照各自家庭的现有方式就好。

大家是怎么
做的呢?

但是对于孩子的未来,父母该怎么办呢?父母如果不太清楚未来的事,眼下风平浪静,别人做什么,也要求孩子这么做,这不是在愚弄孩子的人生吗?

一方面要求孩子有自己的个性,另一方面又要求孩子和别人做同样的事。

要怎么办
才好呀?

孩子不知道未来的自己要被迫去处理这个矛盾吧?

04 喜欢上某样事物的能力

喜欢的能力支持我们活下去。

在我的记忆中,"那些没有用的东西"是指牛奶瓶的瓶盖。

去堂兄家玩的话,我们总是把这些瓶盖当作乘客,他们争着坐上积木做的军舰,从远处开始攻击别人。

我有两个!

用瓶盖"过家家"。

对于拥有很多牛奶瓶瓶盖的堂兄，我羡慕得不得了。

大儿子的肌肉男橡皮擦多到可以摆摊卖的地步。

现在，我自己的三个孩子在成长过程中，也收集了各种各样的东西，也忘记了很多东西。

二儿子喜欢迷你的四驱赛车。每周日一大早他就拿着小车去超市展览会场的跑道上玩，我还悄悄地跟过去看。可是不知道什么时候，他这个热情就冷却了。

今年春天离开家自立的小女儿，曾在房间里贴满了TMR的海报*。

如果西川贵教在电视里出现的话，家人会条件反射地叫女儿过来看，或是帮她录下来。

---

* 译者注：有时也会省略为T.M，Takanori Makes Revolution 的开头字母，是日本知名音乐人西川贵教的音乐团队。

有类初中生是我做儿童咨询时遇到的最困难的对象。问他"有没有喜欢的东西?"时,他通常回答"嗯,没有……"

他们并不是叛逆,而是真的没有。

硬和他聊一些流行歌曲或电视节目的话题,他还是回答"不知道","我没看",这就是现状。

这个现状是很多问题的关键。

"尽收集些没用的东西……"大人对孩子说这些话，也许还算是好的。

想一想的话，喜欢上某件事物的能力是一种超越理性坚持下去的力量。

客观地去思考，成功的可能性很小，对凭借使命感和责任感还是无能为力的现实而言，想要突破它就只有依靠热情了。而我们是从何处获得热情的呢?

据说大家都很感动。这个节目主要讲述了在日本经济高速成长期，拼命努力地克服种种难关的日本人的故事。

最近在我的朋友之间，NHK的电视节目"Project X"引发了讨论。

其中大多描述了日本的父亲们不顾家庭，致力于工作的姿态以及支持他们的妻子们。

虽然，可能"工蜂"也称作日本经济高度成长期的牺牲者，可是总觉得他们在工作上生机勃勃地倾注着自己的热情。

就算当下损益计算得很高明，可是我们自身的成就感并不会很大吧！

我喜欢画这个。

不能小看了"喜欢上某样事物的能力"。

金钱游戏的胜利者们很难找到成就感。

就算是说等赚够了钱再慢慢地……可是这话并不能令人相信。和谁一起生活也好，在团队中工作也好，这些并不是什么手段或目的。这不都指的是正在活着这件事吗？

我是讲师近藤！

无论是区分工作和游戏，还是公私分明，我都是不相信的。

活着的时间并没有不同。

无论什么时候我都是活着的。看到"Project X"的主人公们，我总是想，他们不只是因为是工作才那么努力，而是因为他们活在那种状态中。

你和你的孩子们擅长"喜欢"某样事物吗？

我想支持他们的不就是"喜欢上某样事物的能力"吗？

你有好好培养"喜欢的能力"吗？

05 来吧,再挑战一次

在受挫后的人生中再次怀揣梦想和希望。

退后，退后！

啊——

我觉得自己是个运动白痴，因为我棒球打得非常差。

但是，也是因为知道自己不擅长棒球，所以我后来才开始了排球、滑雪等运动。

我觉得自己是音乐白痴，因为我的小学成绩单上，只有音乐成绩是个污点。

因为遇到了卡拉 OK，才知道自己还喜欢唱歌。

但是，不知怎么的，下意识里总会有自己不擅长运动的这种想法。

那是一个小区里自发成立的足球队。

现在，儿子对我说他加入了足球俱乐部，我内心很自豪。

对于孩子而言，教练是个很好的人，我很感谢那种可以让孩子沉浸于某种事物的人。

我也有些不好意思,所以就坐在远一点的堤坝上看。就在这个时候,我看到儿子射门并进球了。

我非常兴奋,回家感叹道:原来当运动员的父母是这种心情呀!

再后来,很多厉害的孩子也加入进来,足球队变得越来越专业。

与此同时,我被委托帮忙设计足球队队标,我毫不犹豫就答应了。

儿子的出场机会也因此越来越少了。

在家里,他也不太谈论足球的话题了。

美国专栏作家鲍勃·格林写过这样的故事:一位父亲希望帮助玩棒球的儿子。儿子明明一直非常努力,却没被选入首发阵容。

那位父亲嘟嚷道:"也许有一天儿子会知道,有些事情光靠努力是无法改变的。但是现在就让儿子知道这样的道理,未免也太早了。"

儿子已经不再上场了，只有我设计的队标留在旗帜上，在那里不停地随风飘动着。

父母的心情就是这样，即使儿子只能坐冷板凳为队伍加油，父母也会目不转睛地看着自己的孩子！

有那么一点点失落……

嗯……

日本火腿斗士棒球队[1]或现在在媒体面前活跃的田中将大[2]，那都是数一数二的顶级运动员，要想成为他们的父母那样的人，可真是太难太少有了。

---

1 译者注：日本北海道的棒球球队，英语名 Ham Fighters。
2 译者注：日本职业棒球运动员。

大多数父母都只能这样眼睁睁看着自己的孩子，在成长中慢慢明白，自己的才能和运气有限，并不断受到挫折。

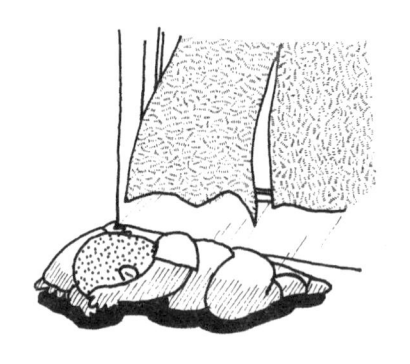

我想这大概也是父母的工作。

帮助孩子从跌倒的地方站起来,培养他们拥有能量去重新怀揣人生的梦想和希望,这也是父母的工作吧!

很多时候，人生给你选择的机会通常只有一次。但父母总觉得自己的孩子是特别的存在，是上天的宠儿，跟别人不一样，可以拥有无数次机会。

即使现在看日本足球职业联赛时，我心中想到的最精彩的射门还是（儿子的）那一球。

我想大家大概都是在父母那种目光的守护下，成长为如今的自己。

我想能够看到那一幕，是我作为父亲最大的回报了。

06 自行车小偷

在很难不满足孩子的时代里,无论满足与否都是锻炼。

有一天，儿子骑着不知道是谁的破自行车回了家。

街上有很多东西，一看就能看出是被别人扔掉不要的。可是那不是儿子的，比如很久以前就一直放置在车站前面的车。

问了孩子才知道，他和朋友两个人一起把车骑回来，于是我就给那个孩子家里打了电话。

告诉对方的家长这事好像是两个人一起做的,请对方家长确认一下。

我提出来:"先让我儿子把车放回原处。"对方说她的孩子也要一起去。

我严厉地骂了儿子,说他不能凭着自己随便的判断就拿走别人的东西。

对方家长打回电话:"好像确实是这样的,要怎么办才好呢?"

关于自行车有
很多回忆。

以前买东西用的女式自行车被偷的时候,妻子很生气。

后来她每次买东西的时候,就会去巡查周边超市的停车场,最后自行车竟真被她找到了。

当然啦!

家人都很惊讶,她对此真的是有很大的执念。

很早以前，我看过一部电视剧，讲的是住在团地新住宅区 * 的一家人。

有天，父亲看到了大型垃圾场里有一辆被邻居才扔掉，但看上去还能骑的儿童自行车。

他把车捡回家，给车除锈、涂油，给车胎打气，将它修理得又可以骑了。

---

* 译者注：日本从二十世纪五十年代中后期，为了缓解日趋严重的住房紧张状况，开始修建了大规模的高层住宅楼群，这是一种全新的居住形式。住在这种住宅区的居民，收入不高的人占多数。

孩子很高兴地骑着它出去。

丢弃自行车那家的孩子看到后，说："这是我的自行车！"

还给他们吧！因为我感觉不爽！！

捡别人丢弃的垃圾，按理肯定不能算偷窃，但也让当事人陷入无法言喻的境地。

最后，他家把捡的车还给了它原来的主人，但心里很不爽，这点我很理解。

以前我家也因为旧自行车发生过类似的事。

儿子想要新自行车，说小伙伴都在骑。

家里的儿童车已经小了，可是大人骑的自行车，儿子的身高又不够。

我想如果现在买自行车的话，过段时间他又会嫌小了，于是就想让他忍一忍。

同事知道了。

我非常感激地把车带回家，这辆车看上去已经很破旧了。

现在变成了一辆看着很流行的黄色自行车。

我嫌精心修理麻烦，只给这辆车重新喷了油漆，连轮胎都喷上了颜色。

过了不久，在上班的路上，我透过车窗看到了儿子和他的朋友们。

（没有骑呢！大概是觉得不好意思吧……）

大家都骑着儿童用的变速自行车，儿子跟在他们后面跑。

我跟儿子商量，要不就去买辆新的，可儿子想到那辆没有骑的黄色自行车犹豫了，又觉得不太好。

我觉得有些难过，想着要不下周日去给他买辆新的吧！

商量后我们决定等它不能骑了，再买新的。父子俩就等着那辆自行车报废。

真复杂呀!

现在的年代,比起给孩子买东西,更困难的是不轻易给孩子买东西。这也是一个没有机会发现"可以通过得不到来学习宝贵经验"的奇妙时代。

无论是喜悦还是悲伤,满足还是不满足,都是在培养孩子。正是充斥着得失的生活,才锻炼了人心。

07 没有狼的街道

在养育子女的过程中,必须让他们掌握自我保护的能力。

通过欺凌、恐吓，抢走钱财，这样的事并不罕见。

很早以前大家都听说过中学里发生的这种不良行为。

我很喜欢旅游，经常到处游玩。

近年来，听到这样的话后，有很多父母会问："从现在开始报考私立学校还来得及吗？"

在途中我会思考如果我被卷进这类事件、事故后该用什么对策。

去海外旅游，有时会遇到小偷。

很久以前，我的儿子们还在读小学，有一年暑假发生了一件事。

一味担心只会让自己筋疲力尽，甚至没有心思游玩了。比较聪明的做法是事先做好方案，估计一下哪些东西容易丢，想好如果被偷了要怎么办。

大儿子以前的一个好朋友，因为转学走了，他们很久没见面，于是约好假期一起到世博乐园玩。大儿子把弟弟也带上了。

出门前，我对大儿子说："你把零花钱分两部分放，其中一部分放到袜子里。"

在距离游乐园出口很近的地方，三人在等待回程公交车时，三个初中生过来，将大儿子和他的朋友拉到厕所的阴影处。

他们在游乐园玩了一整天。傍晚时，意外发生了。

因为弟弟还小，可能是嫌他碍事就留下了他。

在远处看着的弟弟说，他以为是哥哥认识的人呢！

当然不是！他们被威胁着："把钱拿出来！"

初中生们只给他们留下坐一趟公交车的钱。

他们先抢走了儿子朋友的钱，然后要求大儿子也拿出他的钱。

玩了一天以后，孩子们也没剩下多少钱，但口袋还是被抢空了。

等坐上公交车后，他们才从恐惧中解脱出来。

啊，那不是你们的朋友？

惊恐过去后，大儿子的朋友发了愁。因为家很远，这趟公交车到站后，他还要转乘电车才能回家。钱包已经被抢走了，他看上去有点走投无路的样子。

*译者注：恐吓的日语发音和炸鸡相似。

我要给我妈打电话，没钱了……

电车费的话，我想还有你的那份。

大儿子对打算到站后给妈妈打电话的朋友说他留了一招。

袜子里的一千日元就变成了三个人回家的车票钱了。

我们当然不应该允许恐吓之类的行为发生。

可是我们说了这句话,这些行为就不会发生了吗?不,还会有很多。不论抢劫的金额多少,这种事情到处都会发生。

偶然间看到了这样的报道,有个少年无法将自己持续被迫害的经历告诉别人,最终选择了自杀。

不轻易成为受害者,也不轻易成为对方的目标。

在育儿的过程中,必须让孩子掌握自保的能力。

二十多年前的方法，现在也是适用的。

培养只能在没有"狼"的社会里幸福生活的孩子，是绝对不够的。

人类社会并不会轻易改变。在有"狼"的街道里，需要想方设法安全地生活。

08 撤退

成长有时候是永不停歇地前进，有时候可能是一次勇敢的后退。

在孩子们还很小的时候，有一年夏天，我买了一艘橡皮船。

夏天河水的水位并不高。

看完电影《野田知佑皮划艇漂流记》*后非常向往。

我马上就带着两个孩子去了由良川。

---

* 译者注：1988年上映的一部关于漂流冒险的电影。

我们在河边换上了泳裤，把船打满了气。

孩子们在一旁嬉闹。

这是我第一次坐橡皮船下水，心里非常激动。

接着，我自己也坐了进去，将桨安装在挂钩上，开始划。

那时候我才意识到，我想象的划船是在静止的水上操作的。

我让两个孩子坐上船后，我把它推到了河中间。

船完全不受控制。

父子三人被水流冲着走。

碰到了河底的岩石后船就改变了方向。

可是我们却意外地感到开心，就一直嬉戏着。

河的宽度明明没有变，但水流却变小了，分成了两股。

我还没来得及选择，船就被冲到了水流大的一边，推到了水流中间突起的岩石上，船触礁了。

前进了没多久，情况就发生了变化。

孩子们惊恐得脸色都变了，以为自己要被甩出去。

我也突然害怕起来。如果两个孩子被同时冲走了要怎么救他们呢？那是一种从未想过的恐惧。

船被水流推到了岩石上，不能动了。孩子们很拼命地划水，也无济于事。

客观来看，也不是多大的水流。可是我还是作出决断：我们不划了，我站在只有齐腰高的水流中，把孩子一个个抱到沙洲上避难。

虽然想过要买救生衣，但没有买就来了，我对此感到很后悔。

如果不把气放了,船根本动不了。

经过了一场奋战,终于回到岸上时,我们再一次感到了后怕。

撤退!

有一个词叫"激流勇退"。

可是现实生活中,不太有那种想法。

相比之下，更多的是感慨"后悔做过了，或是后悔没有做过"。

如果无论如何都会后悔的话，那我宁可接受做过之后的后悔。我在这个时候第一次学会了撤退。

沿着河边数百米的下坡路，我抱着船，边向车站走去，边在心里想，孩子们都安全没事真是太好了。

我觉得，我们共同感受着这样的心情，慢慢成为真正的父子！

回到家，我向妻子报告"没出什么大事"。可是之后在各地开展跟船有关的活动时，我成为了对救生衣要求很啰嗦的人。事实上在河流中事故频发，正因为这个经历，我后来一直平安无事。

09 旅行的效用

有时候一场旅行也是教育。

有很多父母因为孩子的事而烦恼。

这个办法虽然不适用于所有人,但我会这样做。

面对不登校或蛰居族这类看不到未来的问题行为,父母的混乱和迷茫就更深切了。

那就是"世界这么大,不如去看看"。

我十分清楚当事人及其家人的痛苦。

现在所烦恼的问题都是以当前的日本为背景的。

可世界是多种多样的。

那么就这样带着问题，到日本以外的国家去看看。

应该不难找到在物质上没有日本富裕的国家。当然，只是从物质层面来说。

我经常还没想好要如何旅行，就出发了。

人生经常会被比喻成一场旅行，确实人是时间的旅行者。

也许有人会怨恨："为什么我会遇到这样的事？"

那些精神层面的东西并不是轻易就能改变的。

我有三个孩子,在他们各自到了二十岁时,我会带他们出国旅行。大儿子和二儿子是父子两人去的,小女儿则是我们夫妻和孩子三人一起去的。

所以有时试着改变一下身处之地的话,会怎么样呢?

总之就想让他们感受一下世界上还有其他地方。

说到旅行的效用，我会接到很多不登校儿童的咨询事件。

能让他们自己清楚地认识到痛苦已经结束。

这时我会思考对于恢复中的孩子有没有什么决定性的重要仪式。

于是我想到并试着带一些孩子进行耗时一星期环绕琵琶湖骑行的旅行。

另外，对于那些行为不端，处于被监视状态的少年，如何让他们度过暑假，也需要想出一个有仪式感的方式。

在旅途中，他们会遇到崭新的自我，也会回顾过去那个"我"。并反思，那个自己一直深信不疑的世界真的只有现在这一面吗？

我想，应该暂时将他们从让人烦躁的监视和严管模式中脱离出来。于是，我提议让这群孩子展开四万十川橡皮艇漂流之旅。

人虽然是动物，但出乎意料地无法自由地行动。

孩子们更是如此，一天的活动范围是有限的。

然后大人有责任告诉他们："你们还有很多尚未遇到的机会。"

对那些孩子不需要说教，我想让他们亲眼见一见这个世界有多广阔，还有好多其他的生活方式。

如果将眼光放到海外的话,就会发现我们国家的孩子在很长一段时间里,只有优秀的人,才能突破难关去国外留学。

现如今,出国已经变得极为容易。成人之后,即便终于有机会出去旅行了,但因为缺乏具体的目的,也大多是去购物买些名牌而已。

普通的孩子连机会的边都摸不到。

青春期、青年期的表现,在不同文化和生活习惯中迥然不同,稍微置身其中,就会看到自己的意识是怎么样被现有的日本风土塑造出来的。

去的地方和国家不同,他们会发现,有时甚至觉得讲述自己的苦楚很羞愧。

让可爱的孩子们出去旅行吧!*旅行可以教会我们很多东西。

如果可以客观地看待自己,就会发现自己只不过是多种多样中的一种,这不就意味着好像有什么被拓宽了吗?

---

* 译者注:这是日本的谚语,意思是说以前不像现在这样交通发达,出去旅行是很辛苦的,让孩子离开家,在不熟悉的土地上生活是很艰辛的,但正因为离开父母体验了这些艰辛,孩子才会成长。

10 自立

很早离家独立的小儿子又回到家,成为了蛰居族。

我接到了咨询，是友人亲戚的事。

那是他哥哥的儿子。

据他说，26岁的侄儿还在家闲晃。

他哥哥有两个儿子，家里蹲的这个是小儿子。

这孩子与哥哥正相反,他从小就内向,成绩也不太好。

两年后,高中阶段经常逃学的弟弟勉强毕业了。可是考虑到学习能力及他本人的志愿,最终没有读大学。

哥哥考上了当地的国立大学。

父母很担心,怕他待业,于是就找了一个经营汽车修理厂的熟人商量,决定让他在离家有些远的地方上班,并住到单位宿舍里去。

父母觉得把他留在身边,看着哥哥尽情享受大学生活,而自己却要每天打工,可能会心理不平衡。父母也觉得这样的他太可怜了。

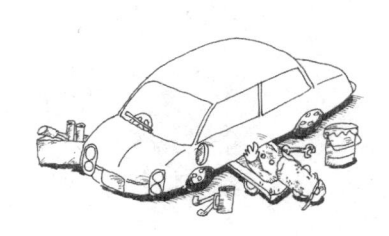

修理厂的经营者觉得自己既然接收了他就要对他负责,前辈们很照顾他,所以虽然发生了很多事,但他也没有逃回家。

内向且有不登校倾向的弟弟就这样离开了家。

接收他的人觉得心很累。

而另一边，哥哥尽情享受了大学生生活后，毕业后考上了地方公务员。

哥哥工作快满一年的时候，说要和大学时就开始交往的女朋友结婚。

家人当然没有反对，两人就举办了婚礼。

让人意想不到的变化发生在哥哥结婚以后。

在哥哥的婚礼上，看到很久没回来的弟弟。母亲觉得他很可怜。

因为母亲的提议，弟弟就向工作近三年的修理厂辞职回了家。

你哥哥也离开了，房间空出来了，如果你想回家的话，就回来吧……

弟弟高中毕业后就离开家，这几年一直过着往返于工厂和宿舍的独居生活。

自此就这样过了五年。

回了家的弟弟一直在自己的房间闭门不出，而且好像一点也不打算要出门。

　　他也不找工作，整天就在自己房间里打游戏。

就这样混到了二十六岁。

没有办法，母亲就把饭菜端到他房间门前。

后来觉得与父母面对面尴尬，他连吃饭也不露面了。

哎呀,白头发……

父母渐渐地老了。

电费也不是免费的啊!

父亲偶尔会在半夜对着儿子的房间咆哮,发泄自己无可奈何的情绪。

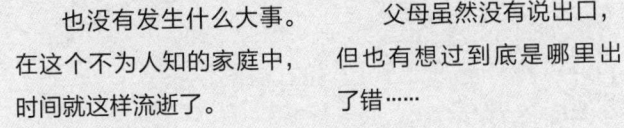

也没有发生什么大事。在这个不为人知的家庭中，时间就这样流逝了。

父母虽然没有说出口，但也有想过到底是哪里出了错……

我认为这是现在的父母都会面临的问题。在少子化的时代，自立以及帮助子女自立是非常困难的问题。

可以为孩子做的事也不要做，忍住想要给予的心情。不意识到忍耐的重要性，就会阻碍孩子学会自立。

11 自立心

从小教育孩子独立,也许长大就不会是一件突然发生的事了。

这是女儿小学二年级时的"有话对你说笔记本"。

虽然开始得比较晚,但她自己说想学芭蕾,我们就同意了。

笔记本上写着:

"芭蕾,昨天我去看了下田芭蕾教室。在松枝丁坐上公交车,在木下丁*下车,穿过人行道……"

不是母亲想让她学芭蕾,才去学的。

---

* 译者注:木下町的町字小学生还不会写,用丁字代替。

113

12月1日（周六）

一起学芭蕾的朋友今天我从学校先回到家，吃了饭后，再…

12月1日(土)
バレエノオトモダチ
ヨウ、ワタシハ、
ガッコウカラ、イエニ
ニゴハンヲタベテカラ

妻子提出条件——让她自己坐车去。

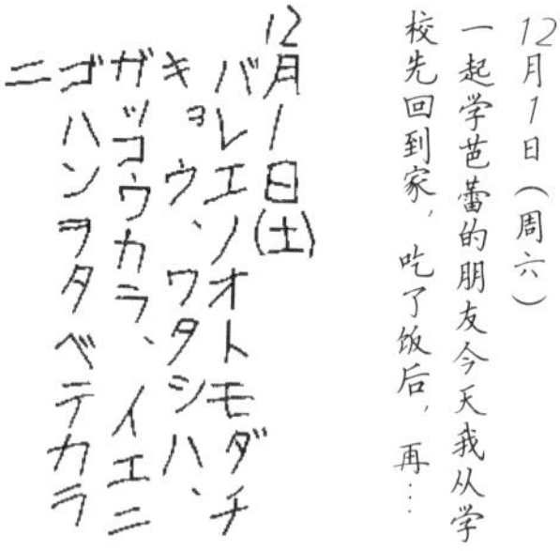

因此在日记中，比起参观才艺看到的内容，她详细地写下了往返公交车的乘坐方法。

为了孩子上兴趣班，父母时时刻刻都要为她准备好，我不觉得这是好事。

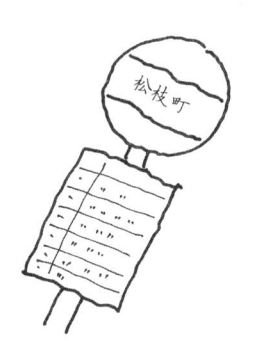

松枝町

离家最近的公交站有两路公交车经过。

去芭蕾教室的话，不能坐国道线，要坐湖岸线那辆车。

妻子告诉她要坐三点水旁汉字的那辆，国字那辆不能坐……

站牌用汉字标识，可她还没学过。

妻子感叹，如果能有编号标识的话，就太好了，可是……

于是，她让女儿观察了好几辆公交车开过，看着车头上的字练习辩认。

偶尔母亲也会让其他孩子的家长帮忙接送。

舞蹈班上的大多数孩子都是父母开车接送的。

可是搭别人家的车，万一发生事故的话……想到其他人也会不安吧。

后来也就没有拜托别人了。

之后没像哥哥们一样选择读大学,她自己想去专科学校学习音乐剧。

可能是芭蕾很合适她,所以女儿一直也没放弃,跳到了高中毕业。

诶?

虽然有点惊讶,不过我说:"如果真的想学的话就去百老汇,实在不行至少也要去东京学吧!"

结果两个哥哥住家里走读,而女儿选择了一个人住在东京。

之后过了十多年,

在专科学校毕业前的秋天,20岁的她通过了剧团的试镜,21岁第一次登上了舞台。

由于激烈跳舞和过度劳累,像运动员那样,女儿经常受伤。

具体的治疗和复健的经过我不太清楚。

过了32岁，她做了新的决定。

她在舞台上受到启发，想要重新学习舞台剧。

她选择在纽约戏剧学院（HB Studio）求学。

高中毕业后，女儿就再也没有接触过英语，她参加了短期留学会话训练营学习英语。

闻香识女人（电影）

著名演员阿尔·帕西诺（Al Pacino）也曾在这所学校学习。

之后就去了曼哈顿和别人合住，开始在戏剧学校上学。

我想这一切的起点是 25 年前在巴士站教她认三点水旁的妻子吧！

真是个温柔的孩子……

只是一味地欣赏孩子是培养不了自立能力的。

自立心不是随便就能准备好的东西，它是需要去培养的。

12 房门

幼小的他们到底是否需要那扇房门?

周末以外的时间,父亲都是独自赴任在外。

父亲回家后,大儿子就闷在自己房间不出来。

想跟他说话,他也不回应。

那段时间他是跟母亲和弟弟,三个人一起生活。

"我没有勉强要他说话呀。可我现在连他的脸都看不到！"

"因为他把自己的房门从里面上了锁。"

"这种事勉强的话也没用吧！"

"那扇房门的款式是你们决定的吗？"

"什么？"

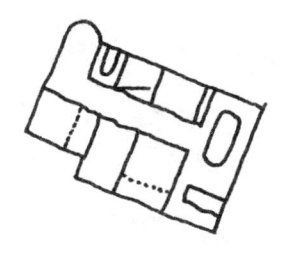

"不不，因为是精装修的公寓，所以这个布局是自带的。"

"是的。"

"那么，房间布局和房门都是房地产商负责的？"

"我是问房间布局和结构是你们两个人选择的吗？"

"那么就不是你们特别中意的房门和房间布局吧？"

"如果把房间改造成更适合现在家庭的样子,你们觉得怎么样呢?"

谢谢您!

还可以这样想?

带着一脸的惊讶,那对父母回了家。

"因为是你们自己的家,为了住得舒服,按照自己的意愿重新装修不是很好吗?"

一个月后的回访,我从父亲那儿听到了意想不到的事。

"回去后,我马上就把孩子们的房门给扔了。"

"是的,我发现没理由把孩子们的房间用一扇门锁住。"

什么?

"什么?"

"于是就把兄弟俩的房门给拆了。"

"跟大儿子一起去把房门扔了。因为家里也没有地方放,被孩子们再装回去的话也很麻烦。"

"那么,之后怎么样了?"
"挂上了门帘。"

"做了件大胆的事……"

确实,孩子年幼的时候不需要什么"密室"。

反正本人提出需要房门的那天总会到来的吧!

那就等到那个时候父子俩再好好谈谈。

幼儿期隐私,没有意义的密室化都相当于父母放弃了自己的监护责任。

13 梦想的后续

只有朝梦想努力过,人生的计划才有可能更新。

有个熟人叹了口气:"大学毕业的儿子……"

"虽然因为父母的推荐上了大学,但这并非是我自己想走的路。"

"我其实想要做游戏开发。"

所以他没去找工作。

"……可都现在了,才说那些,有什么用呢。"

"我绝对会努力的,因为之前都不是按自己的意愿选择,所以我才无法努力。"

"我想这个世界不是那么天真的。"

像那种做梦一样的话……

这之后,22岁的独生子和父母生活在无尽的纠葛中。

父母都想要为孩子的梦想赌一把。

母亲叹息道，每次这样说的时候，儿子反而更坚持地表示他会努力的。

但是作为知道现实残酷的长辈，也很想告诉他，事情不是那么天真的。

就让他试试不好吗？

听到这里，我忍不住跟他们说，就让他试试不好吗？

收获成功的人，即使在前一晚也不知道自己会成功。

与其反复纠结，不如认真试一次。仅仅在家里吭哧吭哧地努力是不行的。

父母也不可能知道孩子会不会顺利。

"必须在人才聚集的地方，和志同道合的人一起切磋琢磨。"

跟儿子那样说了以后,他非常高兴。

总之在这两年期间,他挑战了自己真正想做的事。

然后去了东京,进了专科学校,开始了一个人的生活。

父母支持他做那些事。

他们收到儿子的消息,儿子说自己的朋友中有很多有才华的人。

他开心地做着,也努力着。

开发游戏的工作是什么样的我并不清楚。

只听说很多名人也在从事游戏开发的工作,他们中有人取得了享誉全球的成就。

他的实力到底如何,外行的我和他父母都不知晓。

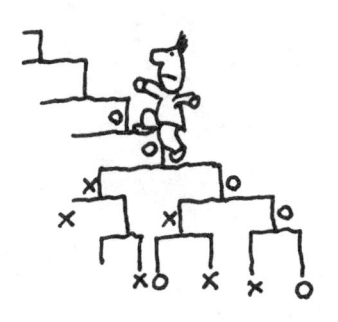

竞争当然不是一般的严峻。

于是拜托熟人,制造了一次机会让他与那个领域超一流的人见面。

对他而言那应该是像神一样存在的人吧!

毕业后,他回了故乡。

他带着作品去见了对方,具体细节就不知道了。

然后参加了公务员考试,在当地很有活力地工作着。

听到这个消息,我想果然只有朝它努力过,梦想才有可能改变。

他成为了知道"挑战是实现梦想的第一步"的大人。

随着时间的流逝,那些梦想和希望没有改变的人或许只是从前没有去挑战过。

接下来他的人生会发生什么呢?梦想还在继续。

14 父亲的愿望

大人总考虑梦想的可行性,可梦想和希望最初就是无法保障的。

电影《十月的天空》讲述了美国航空航天局工程师霍纳·希克曼从煤炭少年成为火箭小子的热血故事。电影是根据主人公霍纳·希克曼的自传小说《火箭男孩》（上下册）改编的，这套书由草思社出版。

少年霍纳·希克曼从这一天开始，有了制造火箭的梦想，从此，他开始不懈努力，为逐梦星辰大海而奋斗。

1950年在美国贫困的煤矿小镇长大的少年们从小被灌输，长大后只能走父亲的老路做一名矿工，少年们对此深信不疑。直到某一天，他们看到苏联的人造卫星飞上了天。

父亲对此不以为然。"不要说梦话了！多想想跟你身份相符的事！"父亲想要儿子放弃幻想，走现实一点的路。

霍纳的父亲在一次矿井塌方的事故中受伤,这对霍纳来说是一次毁灭梦想的沉重打击。家里无力供他继续读书,为了家庭生计,他只能从高中辍学,成了一名矿工,走进了矿山。

电影之后又有了各种各样的情节发展,他朝着梦想实现的方向……

看到这儿,我的脑海中浮现出一位母亲的身影,怎么也无法抹去。那是在北海道煤矿小镇长大的女性。

一直支持他的高中老师就好像自己的梦想破灭了一般,变得很灰心。故事中描述了一段让人难忘的师生情谊。

因为儿子持续不断地产生问题行为,她不知道该怎么办,就来向我咨询。

> 我是长女,我和妹妹只在煤矿小镇待到初中毕业。

> 父母让我们两个都在城市的私立女子高中读书,在外租房住。

> 你们父母真辛苦。

她的父亲是矿工,有两个女儿。

妹妹大学毕业后成为了老师,在北海道生活。

而她一直读到研究生,发生了很多事之后结了婚,一直到现在。

> 我想那时的花销肯定非常大,现在想想,不知母亲是如何过来的呢……

父亲一直没有走出过封山的煤炭小镇,很早就去世了。后来母亲一直到过世都是一个人生活。

父母想让孩子脱离看不见未来的煤矿小镇，在"教育"上下了赌注。

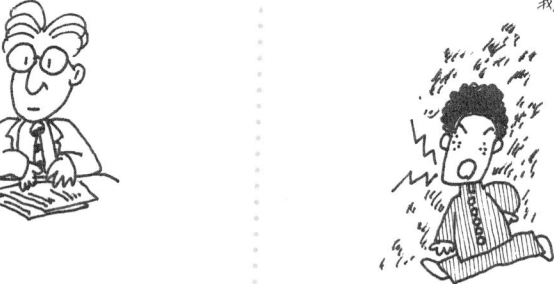

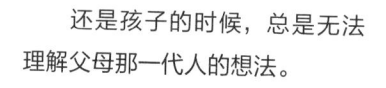

我可没有偷。

还是孩子的时候，总是无法理解父母那一代人的想法。

"现在我因为育儿感到辛苦时，就会想起父母的事。""他们是抱着什么想法养大我们的呢……"

因此虽然可以说成功进入了新的时代，自己也成了父母，但是当养育子女遇到困难时，还是会想起自己的父母。

我忘不了在预备学校*时，英语老师讲过的故事。

---

* 译者注：想要考大学的学生在此备考上课的各种学校。

一位医生的儿子跟他的父母坦率地说出自己非常想学绘画，希望能考入艺术大学的愿望。

父亲虽然非常生气，但还是说让他去找值得信赖的老师商量。

老师考虑到他是医生的儿子，就对他说了一些愿望未必能实现的话。

十几年过后，他来拜访老师，向老师表达感激之情。他说："那时您能对我说那些话，真是很受益"。

可是老师却一点儿也不开心。

不明白……

我到了现在才领悟到老师讲了这番话后的心情。

可是梦想和希望最初不就是无法保障的吗?能和那些含糊不明的东西打赌,不就是仗着年轻吗?

梦想的讲述方式很难。大人总是考虑到可行性,然后不经意间就对自己的孩子强调自己的想法。

不要妨碍孩子,只需祈祷他们顺利。

看到电影《十月的天空》最后，很多人一定激情澎湃。

啊！啊！啊！为什么没有在电影院看呢？真想在大银幕上看呀！真的太遗憾了！

因为我也有三个孩子呀……

如果有机会仔细观察某个人的青春期，想必会浮现出一些意想不到的事情。不管能否叙述，我们都在历史的影响下生活着，我们无法隐瞒这一事实。无论是与孩子一起做梦，还是说现实讲道理，都是做父母的方式。结果会怎么样，谁也无法预测。只是实现了梦想的人哪一类居多，就不用多说了。

15 父亲的投资

无法独立的子女和放不开手的父母是对应的。

孩子的自立成为了问题。很多家庭都有永远无法自立的孩子。

我一边想象着会有很多人发出"很难做到那样……"的质疑，一边写下了这个故事。

什么？

前段时间接受了一个咨询，故事是这样的：妻子为了生产回了娘家，可是生完后就不愿意回去了。丈夫去接她时，妻子提出了离婚的要求，而妻子的父母还支持她。

长期蛰居在家现在已经不是稀奇事了。

作为自由工作者,看上去赚得不少,但很难维持长期安稳的生活。

过了 30 岁还被加入到父母的健康保险里,这种人的数量最近好像在剧增。

越来越多的人都快三十岁了还不结婚,也不离家,还跟父母住在一起,这样就不需要自己负担房租。

如果这类社会现象不能得到调整的话,那么企业的雇佣形式也会随之发生变化。

而且这些人就职的岗位大多是临时工。

我从事的行业要求研究生毕业后再参加资格考试,合格的人才可以取得就业执照。

虽然工资不低,但想要负担独立生活的话还是有很大的风险。

可以这样做的原因，其实不用说，主要是变富裕了。

因为不知道下一年度的雇佣情况会怎么样。环顾整个社会，战后生育高峰出生的那些父母们仍然持续负担超过二十岁的孩子的生活费。

然而这个行为却对孩子自立起着消极的作用。

长期的蛰居族和不登校儿童的父母也有相似的问题。

就算对别人可以那样说,对自己的孩子却做不到不管。

虽然说是这么说,但让父母下决心不要再帮孩子,也不太现实。

这是爸爸的退休金和……

果断地做出最后的投资。

180度吗?

因此就要果断地改变想法。

转圈

反正都要出钱,那就不要像流水一样花十年那么久地慢慢给。

不应该让儿子默默描绘着适应普通人生活的未来,而应该抱着共同打造新起点的想法,父子共同创业。

等待那些犹豫不决不知道是否要离开河岸的人,自己萌生离开的念头,让他们在等待中老去,我不认为这样就是正确的对策。

儿子从"同一性延缓"*，父母也从"模糊的老后焦虑"中解脱出来。

* 译者注：同一性延缓（identity moratorium），指的是正在探索自我，还在过程中，没有得出结论。詹姆斯·马西娅（James Marcia）（1980）依据埃里克森人生发展八阶段理论中的探索和行动两个指标，对同一性的发展状态进行四种划分中的一种。

对于子女和父母来说，都是赌上了人生的选择。

可能说"应该不会顺利"的人有很多吧！但是却会带来巨大的改变。孩子说不定会就此得救。

在不能让儿子感觉幸福的社会中，就算即使这样努力，最终也是徒劳，做父母的不要这样去钻牛角尖。

孩子总比自己活得久，这一点毋庸置疑。

金钱和时间都是有限的。

不记得是谁说的，我很喜欢的一句话："总回顾过去的人现在是最老的，总展望未来的人，现在是最年轻的。"

不要寄希望于看不见的渺茫未来，而是要主动地出击。

难道不觉得这样的决断和行动会拯救自己和孩子吗？

智力障碍儿童的父母们，根据自己孩子的状况，有人辞去工作自谋生路，开始创业，做着孩子也能一起工作的生意；也有人为了寻找孩子的就业机会，而在想方设法。

既然越来越多的亲子有延迟自立问题，我想除了"守护或硬拉孩子出来自立"之外，也可以有第三种方法。

16 支配者

支配一切的父母就可能得到永远长不大的孩子。

有很多人为了考证，一直在备考。

有人热衷于不停地挑战公务员考试或教师录取考试。

你的学习就是你的工作！

几岁？

结果，在考上之前，他们永远都是孩子。

父母让他们这么做以后，又嫌他们缺乏自立能力，父母又觉得有点后悔。

真不知道这样的父母是怎么想的呢？

两兄弟都过了二十五岁，全家一起来咨询。

两个人都有各自的问题，哥哥年纪已经很大了却还是学生。

有一次,我提到:"你们两人经常穿很像的衣服呢!"

"这是怎么回事呢?"

孩子?

这些孩子完全……

但是双方都说这不是自己选的。

原来兄弟俩的衣服都是母亲准备的。

缩小版吗？

母亲说兄弟两人都对自己穿什么没兴趣。

虽然各自的情况不同，但问题都是想脱离父母并独立。

咨询的主诉是想要孩子可以自立。

那样的话，不用一来就大刀阔斧。

首先可以从自己的衣服自己选开始。

人们都有"别人眼中的自己"这样的感觉。

哪里有卖?

也许会失败,但那也是预料之中的。

时尚也好,满不在乎也好,装可爱也好,高高在上也好,都有那样的印象。

对于那个别人看到的自己,产生相应的兴趣。

所谓培养社会性就是由此开始的。

一边这样思考着,一边因为其他事情想起了一个人。

如果没有人为自己准备饭菜的话，自己就不知道怎么办了。

母亲年纪大了，现在越发不能动了。

不想让男人为我做那些！

可是我也遇见过即使丈夫这样说，也并不觉得不好的妻子。

虽然想不到，但我也在做着呢！

在这个很多夫妻共同分担家务的时代，他在说什么啊……

烟灰缸在哪儿？

她喜欢把丈夫惯成什么都不会的样子。

你是细菌!

诶,我吗?

也许这听上去有些恶趣味,但那其实是恶魔的支配。

虽然他们明明还不会,但不少孩子从那个时候就开始说:"我要自己来!"

试想一下幼小的儿童。

我也渐渐地到了那个年龄……

趁还能做的时候……

自己的事自己做,这是超越任何世代所共有的愿望。

第二章

作为子女的他/她们

子女长大了,与父母之间开始有了代沟,且变得越来越宽。父母曾经伟岸的身躯慢慢变成了无法沟通的存在,再难以坦诚相待。子女开始抱怨父母不理解自己,抱怨父母不够强大,抱怨父母对自己不够好,抱怨父母无法给自己提供更富裕的生活。

他们却很少站在父母的立场,去理解他们。父母也曾年少轻狂,也笨拙地想靠近子女。"养儿方知父母恩",等到子女终于能够理解父母的时候,他们已经老迈甚至离去。那时才发现做父母的辛酸和不易,这大概是另一种意义的传承吧。

人不都是在成长中反省的吗?

01 不能说的理由

受到校园霸凌的孩子为什么不和
父母说呢?

"校园霸凌"的事暂时没有像以前那样引人注目了,把留下遗书自杀的少年事件作为谈资也好似有些落伍了。可是我不认为校园霸凌现象发生了很大的变化,只是 Wide Show* 和社会见怪不怪了而已。我想以前就存在的东西,现在也依然存在着。

---

* 译者注:是日本自造的英语,它是一款综合电视节目,主要在白天播放,主要内容为讨论演艺界的新闻和趣事,此外也会加入其他如国际资讯、生活服务类等各种各样的内容。

校园霸凌事件发生后,为什么不告诉父母呢?

说什么呢,不正是因为是父母,所以才无法说出来嘛……

以前,我和一个遭遇过校园霸凌的大学生讨论过。

因为遭遇了校园霸凌,所以不想被父母觉得自己是这样没有出息的孩子。

不是因为想着如果请假就输了，于是拼了命也要去上学，也不是为了面子。

小学六年级的时候，我也有过那样的日子。

撒谎独奏会……

而是因为不想伤了自尊心，因为内心的骄傲，因为比谁都更加体贴父母，所以才不说……

在那之前，我担任了儿童会会长。我曾是一个性格开朗，很活跃的小学生。可是……

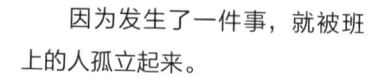

因为发生了一件事，就被班上的人孤立起来。

我自己也有错，所以没有办法抗议。从那一天起，班级里就没有人和我玩了。

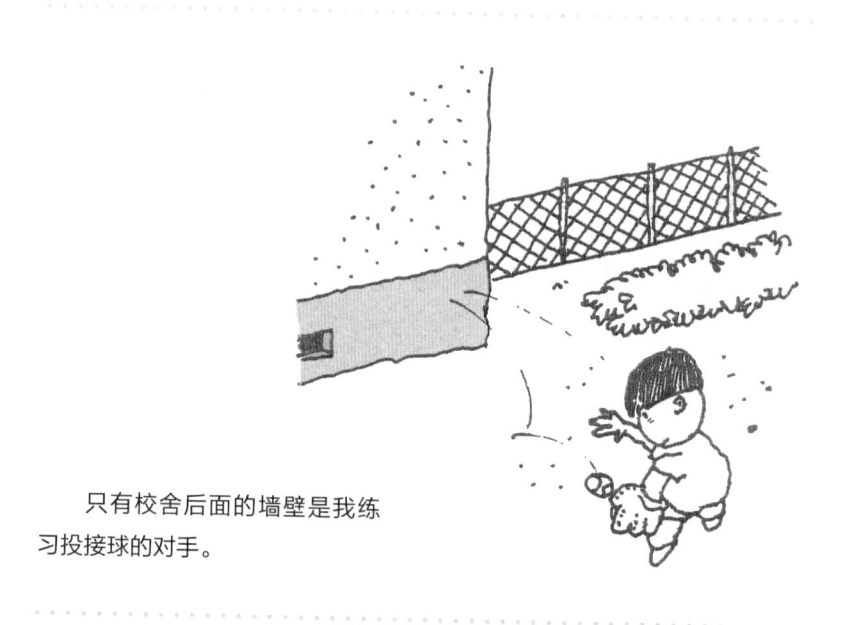

只有校舍后面的墙壁是我练习投接球的对手。

掰着手指头数着一天又一天，等着毕业那天的到来。

可是这件事我并没有跟父母说，因为不想让他们担心。

这件事虽然不算校园霸凌，但现在回过头来看，这个经历给我带来的影响并不小。

初一第一学期快结束的时候我转学了，在新学校我经历了校园霸凌。我那代人，正好属于"战后婴儿潮"，人数特别多。新学校在大城市的住宅区里，一个年级多达18个班。

那个时候，自来熟的同学找上了我……

没有转学经验的人也许不懂，在新班级，我真的是心里没底。

过了一会儿，就像什么事也没发生过一样，谁也不来找我玩。

对于一个家庭来说，换工作、搬家都是大事，但对孩子来说，转学也是非常辛苦的，孩子就像要放弃从出生到昨天为止创造出来的全部财产而重新开始。

还算可以的学习成绩，曾当过儿童会会长的事，在童子军社团带过班的事，谁也不会知道。但孩子们正是靠着那些经历，用他们自己的方式建立了朋友关系。

他邀请我来这个地方。

曾是兵营的木造校舍后面有一个小池塘和森林，他就邀请我去那里玩。

困！

这时候出现了一个叫龟太郎的同学。

我不需要！

我教你柔道吧！

不需要。

我来教你完全跌倒法吧。

我不想去。

到了午休时间,他就把我带过去。

龟太郎在教室里总是一个人。

根本没有想象过自己会变成这样。晚上,我边做作业,边想着第二天不要去学校。

你要清楚地说出来。

"为什么不坦率地说出来呢！"请试着在脑海里想象一下，被这样强硬要求的孩子的样子。大家应该都有过一次或两次那样的经历。

那个时候，你在父母和老师面前想到什么呢？

撒谎或保密大体都是因为有想要保护自己的想法。可是试着回顾一下，不也是有过顾虑，所以想避免给别人带来负担吗？

试着回想一下自己的孩童时代，我对后者的记忆更为鲜明。大概是因为前者只准备了一些无聊天真的记忆，可后者却拥有着与年龄不相符的痛苦的记忆吧！

不想破坏父母眼中自己的形象，这种想法从孩子非常小的时候就开始有。与其说是为了自己，更多是不想辜负期待，努力想保持对方想象中的自己。我想正因为这个原因，所以孩子才会保持沉默，不是吗？

02 不耐烦

**当以前那个对父母不耐烦的子女
也成为了父母……**

在车站的咖啡店里,遇到了很久没见的高中时代的朋友。

听他讲述着儿子们的事,我想起了一些往事。

他头上的白发已经开始显眼,有两个儿子,此时都已经成年。而他自己是父母上了年纪后生的独生子。

那是我们还在高中山岳滑雪社团时发生的事。

有一次，我们正在大阪站等待信州方向的夜行列车，去参加滑雪集训。

他手上拿着滑雪靴的矫正器具。那时滑雪靴还是皮革制造的，保管时为了不让鞋底翻上来，有专门绷紧它的器具。

他的父亲出现了。

你给我回去！

他父亲匆匆忙忙地赶过来，然后……我看到他在中央大厅的柱子后面，用激烈的口气对父亲说话。

确实滑雪的时候不需要那个器具。可是父亲想到这个可能是儿子落下的东西，在夜里那么晚的时间，着急地赶了那么远的路送来。他那一脸嫌弃的表情真让人无法忍受。

"你小子没有染发吗？那你还是不够辛苦呀！"

如果是自己的话，会怎么做呢？我有些在意这点。

那个时候，他也好，我也好，从没想过自己也会成为父亲。

他的父母已经去世很久了。他可能都忘记了那件事情吧！可是每当我思考父母到底是什么的时候，都会想起那件事……

"你不仅没有秃头,也没有白头发。到底怎么回事?我都已经全白了……"

到了现在,我在想,比起其他父母,他的母亲在参观日反而更想来,不是吗?

这么说来,孩子可能也不喜欢只有自己的父母年纪大。曾经还有一个强烈要求母亲"学校参观日绝对不许来!"的朋友也是独生子。

最近读的小说《退休哥斯拉》(重松清著)中,有这样的故事:一位刚进入老年阶段的男人觉得从乡下来的母亲很耻辱,明明母亲难得来一次东京,他却对她很刻薄,对此他感到很后悔。

稍微等等我呀……

母亲早就注意到这点，却一点也没有怨恨过。母亲过世了，很久以后他知道后完全懵住了。

小津安二郎导演的《东京物语》讲述的是一对来自尾道市*的年迈父母去东京看望已经自立了的孩子们，看望后父母却觉得很孤独。

---

* 译者注：尾道市位于广岛县东南部，距离东京有 600 多公里，没有直达的交通工具，无论新干线还是飞机都需要换乘。

真的……　　大家对我们都很好……

他们应该很忙的吧……

走累了，在街角，老人嘟囔着："老婆子，我们回尾道吧……"

你这家伙怎么还记得那些细枝末节的事情呀？

为什么孩子会对自己的父母那么不耐烦呢？不仅仅是觉得他们作为自己的管理者太吵了。

我孩子的事，我想过很多呢……

我朋友说："我独自赴任的时间长，所以我完全没有想过那种事。"

过度的爱也让人喘不过气来。

"养儿方知父母恩"，有这样一句源远流长的话。

正是谁都有经历过的事,才会成为俗语吧!

在看了孩子们引发种种事件的报道后,想到了如今的亲子关系,我也无法确信。

可是那样一种长吁短叹的心情在我们的时代确实能传承下去吗?现在的父母是否还持续怀揣着它呢?

03 好方法

大家都是在哪里学会与家人的相处之道的呢?

我的母亲嘴巴很碎，还爱发火。小时候我每天都要被打，还不准反抗。我咒骂过自己，为什么要生在这个家里。

母亲是个很在意别人看法的人，对自己要求也很高，希望自己做的都是正确的。

为什么我要每天这样被骂？我还想过，也许她不是我的亲生母亲。

母亲是初中的老师，据说也是学校里最严厉的老师。周围的人都被她驳倒过。

因此校内最坏的恶霸也躲着她。

我想她是不是没有害怕的事，也没有不顺心的事呢？

母亲在富裕的家庭长大，排行老幺。在这样的成长环境里母亲理所当然地认为自己该被宠爱，觉得自己是最棒的。

在结婚生三个孩子之前的时间里，应该一切都很顺利吧！但是在孩子这儿，母亲第一次遭遇了不顺心的事。

不优秀的孩子和软弱的父亲。

这是什么成绩!

嘿嘿

你动动脑子!脖子上面的东西难道就是用来戴帽子的吗?

我也觉得父亲虽然是个温柔的人,但太缺乏常识,太我行我素了。

那样,父亲成为了家中所有人都很轻视的存在。

不要用你那蠢脸笑!

嘿嘿……

母亲常在我们的面前带着恶意,很严厉地斥责父亲。

我虽然不喜欢母亲,但因为害怕她,所以无法反抗。

看这个!

你回来了。

在无意中,我还会因为期待母亲的表扬而故意做出迎合她的行为。

对于母亲不认可的父亲,我也变得无法认可,所以就开始在外面寻求值得信赖的父亲形象。

当我在语文考试中拿到一个很高的分数,排名很靠前时……

我期待着是不是会得到她的表扬呢?可最后因为与语文相比数学成绩太差,反而被她批评了。

可是在我一直和比我大很多的人交往之后,我开始陷入思考,自己到底想怎么做呢?

另外，有一段时期弟弟开始不登校，不久又发展成家暴行为。

对于那样的弟弟，母亲担心引发事件，那样会给邻居带来麻烦，所以就只能放任不管了。

XXX（骂人的话）！

学校里最让人害怕的老师，她的儿子不登校，还对家人施暴，把家里砸得乱七八糟。

不许进来！

可是在我看来，弟弟的行为是因为他想表达什么，所以才做了那些事。

可是母亲直面问题的方式只有一种。

那就是发火,然后就是逼对方按照自己的心意做事。

结果我也只是掌握了讨好母亲的技巧而已。

妈妈(讨好地叫她)。

父亲,以及养育我们,作为老师在努力的母亲,并非是坏人。

只是问题发生时他们的应对方法太不成熟了。

原来如此,真是条理清楚的一次梳理呢!

母亲用自己在成长过程中学会的方法来经营我们这个家庭。

然后两个人经营得都不顺利。

不,谢谢!

父亲虽然和母亲相反,但也是那样吧!

老师,顺利地和家人相处的方法,大家都是在哪儿学会的呢?

被这样提问的时候,我觉察到原来如何与家人相处也是一个需要学习的问题。

04 5日元和500日元

那些遥远的记忆成为了联系两代人的纽带。

"团,你看看这个。"友人拿出了一张旧明信片。

我隐约听说过他父亲在他很小的时候就去世了,所以觉得很惊讶。

那是一张由他父亲寄给他的红色的5日元明信片。

那个明信片好像是父亲在去东京出差的夜行列车上写给儿子的。

上面写了自己因为出差,现在坐在去往东京的车上,在米原站附近吃了荞麦面的事。

"爸爸投接球很厉害,经常陪我练习。"

可能是独自去跑业务,从夜行列车的窗户看到万家灯火,又看着窗户倒映着自己的身影,他写下了给儿子的这张明信片。我想着原来还有这样的父亲。

"运动制服也是在社区中最早给我做好的。"

都说了，我没花光啊！

那么说完，他把口袋和书包的每个角落都找了，可就是没找到，于是就发生了前面的争吵。

我找到了！

不能接受这个结果的他开始在家里找起来，然后看到了在玄关的运动鞋下被踩着的 500 日元纸币。

"看，我找到了。呐，就像我之前说的那样，我没花。"他喊着，把钱递给了母亲。

两周后的一天，母亲才跟他说。

"之前的那张500日元纸币呀,那是你父亲故意放在那儿的呢。"

事情各有大小,但对孩子而言,家里时不时发生着他们想象不到的事。

"他在起居室看棒球的夜场比赛时,听到我们的争论,所以去放了一张。"

而带着种种记忆的儿子们最后都变成了父亲。

05 最后的晚餐

我像往常一样吃着突然离世的母亲生前做好的最后一顿晚餐……

母亲突然去世了。

我们住在独栋房*的上下两层,所以离得并不远。

* 译者注:独栋房,这里指一栋自有住房,多分为上下层,每层均可独立进出和生活起居。在日本,年老的父母和子女以这样的方式居住,既可以分开起居,也方便应急照顾。

但平时并不在一起生活。

那天也和平常一样,我吃完早饭准备去上班。下楼看见在看报纸的母亲,就和她聊了些家常。

那时，父亲已经去世好几年了。

几乎每天早上，即使时间再短我也会和她说说话。

母亲也快九十岁了，说实话那一天什么时候到来都不奇怪。

你工作过度了，不注意的话……

那天早上也是如此，母亲还跟我聊了几句。

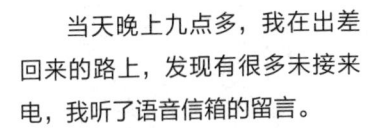

回拨过去，是在医院的妻子接的。

当天晚上九点多，我在出差回来的路上，发现有很多未接来电，我听了语音信箱的留言。

妻子告诉我，虽然当时叫来了救护车，可是母亲已经走了。

我倒是没觉得太突然。

我想,原来那一天是今天啊……

我匆忙赶到医院时,正在进行母亲的尸检,妹妹夫妇也到了。

或许是因为警察怀疑这可能是非自然死亡,所以也来了。

他们要我配合一同去现场取证。

还没来得及见母亲一面,我就坐上警车回了自己家。

见到母亲时已经是深夜,很晚了。

结束了走流程的现场取证后,我又回到了医院。

母亲的尸身被转移到殡仪馆,我和负责人商议了丧礼筹备的诸多事宜。

在母亲一直生活的一楼餐厅,那张饭桌上,还留着没动过的晚饭。

做好了明天的安排以后,再回到自己家时,已经是凌晨三点多了。

应该是她一切都准备好,要开始吃了,正想动筷子时,人就走了。

母亲一直为家里人准备着饭菜。

走过了这样的一生。

这是学生时代就算半夜回到家,也会给我炸天妇罗的母亲。

真是娇生惯养呢!

我是理所当然地吃着她无论何时都会给我准备好的饭菜长大的。

看着桌上放着的那份最后的晚餐。

我才发觉自己昨晚还没有吃晚饭。

虽然都冷了，可这是母亲最后准备的饭菜。

我虽然并不悲伤，可是这种像极了平常晚饭的感觉深深地烙印在了我的心里。

要吃饭吗？

要吃！

我打算吃了它。

我真的很开心，能在机缘巧合下吃到母亲去世那天做好的饭菜。

后记

最开始知道团士郎先生的漫画丛书《树荫物语》是2015年秋在中国台湾举办的"亚洲灾后心理援助学会"的会场上。当时漫画被翻译成英文展出。因受语言限制，我对那时展出的漫画作品没有留下特别深刻的印象。

随着时间的逝去，当我对《树荫物语》的记忆有些模糊时，因缘际会，2019年夏天，在苏州"第七届中国表达艺术国际学术研讨会"前夕，我有幸与当时的前辈一同翻译了《树荫物语》中的6个作品，其中有5个作品也都收录在了本次即将出版的丛书中。

团先生的漫画记录了他多年从事心理临床工作时（家庭治疗·家庭心理治疗方向）遇到和听到的家庭故事，以及发生在他自己身上的故事。有些讲述亲子关系，有些谈夫妻相处的话题，还有些讨论生病需要帮助的家庭。团先生在其中时而扮演旁观者，时而作为故事的主人公登场，不同的家庭关系，不同的家庭状况，有着别样的真实，部分内容可能读起来还有些晦涩难懂，但又很耐人寻味，引人深思。

即使过去了两年，但我依然记得2019年展出的某个作品中饱含"那份力量"的一句话："不是因为他/她是能干的，才被称之为家人。"我想这句话非常好地概括了家庭和家人的意义。家庭不是企业，不是学校，不会给你考核和评级。受伤、生病或失败的时刻，家庭依然还是以那个平淡却包容的模样在迎接着你，"这是一种有着很多软弱和做不到，但也不会崩塌的力量"。我相信着那份力量——坚定勇敢。

因为在日留学，我深切感受过中日文化的差异。所以在开始翻译前，我有过一丝担心：团先生笔下的这些家庭会不会让中国的读者无法找到共鸣，毕竟这是距离我们无论在时间还是空间上都很遥远的家庭。但随着翻译准备工作的进行，读完了那些家庭故事，我就彻底放心了。我发现哪怕隔着岁月和山海，但家人间的羁绊却是相似和可想象的。不善言辞但疼爱孩子的父亲，辛苦育儿但孤立无援的母亲，子欲养而亲不待的遗憾，为子女计深远的天下父母心，亘古不变的子女教育难题，有些也许就在我们身上真实发生着，有些我们可能听身边的人讲起过，它们完全不陌生。

这是我首次翻译漫画书，翻译过程中深感自身词汇的匮乏和积累的不足，幸好有翻译同伴刘强的反复检查确认、导师吉沅洪老师的耐心指导以及编辑刘佳老师的细心修订，在此表示感谢。翻译中仍有许多不满意和不完善的地方，希望得到大家的指正。

陈婷婷
写于一个布满橘色霞光的夏季傍晚

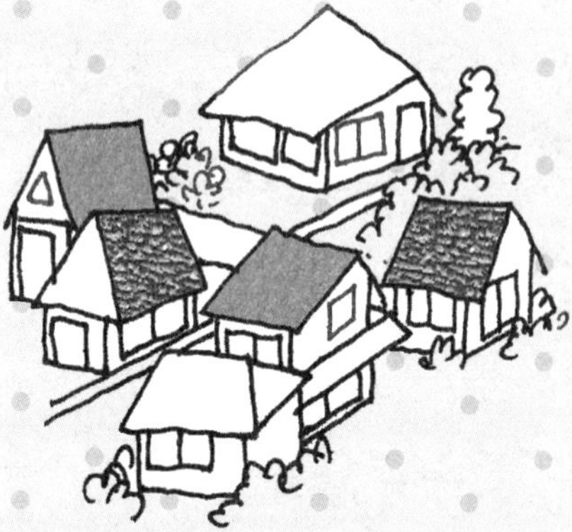